BEI GRIN MACHT SICH IHR WISSEN BEZAHLT

- Wir veröffentlichen Ihre Hausarbeit, Bachelor- und Masterarbeit

- Ihr eigenes eBook und Buch - weltweit in allen wichtigen Shops

- Verdienen Sie an jedem Verkauf

Jetzt bei www.GRIN.com hochladen und kostenlos publizieren

Bibliografische Information der Deutschen Nationalbibliothek:

Die Deutsche Bibliothek verzeichnet diese Publikation in der Deutschen Nationalbibliografie; detaillierte bibliografische Daten sind im Internet über http://dnb.d-nb.de/ abrufbar.

Dieses Werk sowie alle darin enthaltenen einzelnen Beiträge und Abbildungen sind urheberrechtlich geschützt. Jede Verwertung, die nicht ausdrücklich vom Urheberrechtsschutz zugelassen ist, bedarf der vorherigen Zustimmung des Verlages. Das gilt insbesondere für Vervielfältigungen, Bearbeitungen, Übersetzungen, Mikroverfilmungen, Auswertungen durch Datenbanken und für die Einspeicherung und Verarbeitung in elektronische Systeme. Alle Rechte, auch die des auszugsweisen Nachdrucks, der fotomechanischen Wiedergabe (einschließlich Mikrokopie) sowie der Auswertung durch Datenbanken oder ähnliche Einrichtungen, vorbehalten.

Impressum:

Copyright © 2016 GRIN Verlag, Open Publishing GmbH
Druck und Bindung: Books on Demand GmbH, Norderstedt Germany
ISBN: 9783668261532

Dieses Buch bei GRIN:

http://www.grin.com/de/e-book/336585/oestliche-mystik-und-psychoanalyse-der-zen-buddhismus-und-erich-fromms

Maximilian Pfannschmidt

Östliche Mystik und Psychoanalyse. Der Zen-Buddhismus und Erich Fromms Konzept der produktiven Orientierung

GRIN Verlag

GRIN - Your knowledge has value

Der GRIN Verlag publiziert seit 1998 wissenschaftliche Arbeiten von Studenten, Hochschullehrern und anderen Akademikern als eBook und gedrucktes Buch. Die Verlagswebsite www.grin.com ist die ideale Plattform zur Veröffentlichung von Hausarbeiten, Abschlussarbeiten, wissenschaftlichen Aufsätzen, Dissertationen und Fachbüchern.

Besuchen Sie uns im Internet:

http://www.grin.com/

http://www.facebook.com/grincom

http://www.twitter.com/grin_com

International Psychoanalytic University

Master Psychologie

Hausarbeit zum Thema

Östliche Mystik und Psychoanalyse

Der Zen-Buddhismus und Erich Fromms Konzept der produktiven Orientierung

Eingereicht von: Maximilian Pfannschmidt

Seminar zur Psychoanalyse und ihren Anwendungen

SoSe / WiSe: WiSe 2015/16

Ort, Datum: Berlin, 24.03.2016

Inhaltsverzeichnis

Zusammenfassung 3

1 Einleitung 4

2 Erich Fromm und die produktive Charakterorientierung 5

    2.1 Ein biographischer und historischer Überblick 5

    2.2 Der Gesellschaftscharakter 7

    2.3 Die produktive Charakterorientierung 9

3 Östliche Mystik und Psychoanalyse 13

    3.1 Buddhismus und Zen 13

    3.2 Der Zen-Buddhismus und die produktive Orientierung 15

4 Östliche Mystik in der Psychoanalyse 18

5 Fazit 20

Literaturverzeichnis 22

Zusammenfassung

Diese Hausarbeit beschäftigt sich mit dem Werk des Sozialphilosophen und Psychoanalytikers Erich Fromm, der von 1900 bis 1980 lebte. Die Fragestellung mit welcher sich diese Arbeit vordergründig auseinandersetzt lautet: Wie konzeptionalisierte Fromm die produktive Charakterorientierung und welche Gemeinsamkeiten bestehen zum Zen-Buddhismus? Darüber hinaus geht sie der Frage nach, inwiefern östliche Meditationsformen in der psychoanalytischen Therapie zur Anwendung kommen können? Um diese Fragen zu beantworten werden biographische wie historische Bedingungen des wissenschaftlichen Erkenntnisprozesses von Erich Fromm skizziert und wichtige Überlegungen auf diesem Weg dargestellt. Des Weiteren werden die gesellschaftlichen Bedingungen und die wissenschaftliche Konzeptualisierung seiner Theorie der produktiven Charakterorientierung erläutert. Sie stellt einen wichtigen sozialpsychoanalytischen Beitrag zur Entwicklung des Gesellschaftscharakters dar und beschreibt die natürliche Existenzweise des Menschen im Rahmen einer humanistischen Ethik. Darauf aufbauend vergleicht sie die produktive Orientierung mit der buddhistischen Lehrtradition, wobei dabei insbesondere auf Dr. Suzukis Beitrag über Zen-Buddhismus und Psychoanalyse von 1957 eingegangen wird. Darüber hinaus setzt sich die Arbeit mit dem Beitrag von Dr. Rupert von Keller auseinander und beschreibt Indikationen und Kontraindikationen zur therapeutischen Reichweite östlicher Meditationsformen in der Psychoanalyse. Abschließend werden wichtige Ergebnisse der Arbeit zusammengefasst und diskutiert.

1 Einleitung

Diese Hausarbeit entstand im Rahmen des Seminars "Psychoanalyse und ihre Anwendungen" an der International Psychoanalytic University. Das Seminar vermittelte einen Überblick über den sozial-psychoanalytischen Ansatz von Erich Fromm und stellte sozialtypische Charakterorientierungen, insbesondere den autoritären Charakter, den Marketing-Charakter, den narzisstischen Charakter sowie den selbstbestimmten (ich-orientierten) Charakter heraus. Hierbei wurden die genannten nicht-produktiven Orientierungen hinsichtlich ihrer psychischen Strukturbildung tiefergehend erläutert und darauf aufbauend die Anwendungsmöglichkeiten des sozial-psychoanalytischen Ansatzes auf die Bereiche "Ethik und Religion", "Menschenbild und Identitätserleben", "Aggressionsverhalten und Konfliktmanagement" sowie "Partnerbeziehung" und "therapeutische Übertragung" diskutiert. Bei der Vielzahl an grundlegenden gesellschaftskritischen Aspekten, welche die Strukturbildung spezifischer Charakterorientierungen beeinflussen und prägen bliebe innerhalb des Seminars wenig Raum, sich eingehender mit dem Konzept der produktiven Orientierung auseinanderzusetzen. Dies soll nun in Form der vorliegenden Hausarbeit geschehen. Sie beschäftigt sich vordergründig mit den folgenden drei Fragen:

1. Was bedeutet "produktive Orientierung" nach Erich Fromm?
2. Besteht ein Zusammenhang zwischen dem Konzept der "produktiven Orientierung" und dem Zen-Buddhismus?
3. Inwiefern können östliche Meditationsformen in der psychoanalytischen Therapie zur Anwendung kommen?

Um diese Fragen auf einem wissenschaftlichen Niveau beantworten zu können, stützt sich die Arbeit vor allem auf die drei folgenden Werke von Erich Fromm: *Den Menschen verstehen – Psychoanalyse und Ethik* (1947)[1], *Zen-Buddhismus und Psychoanalyse* (1960) sowie *Haben und Sein* (1976). Des Weiteren stützt sich die Arbeit auf die Publikationen von Dr. Rainer Funk *Was heißt „produktive Orientierung" bei Erich Fromm?* (2003) und von Dr. Rupert von Keller *Zen und Psychoanalyse – Zur therapeutischen Reichweite buddhistischer Meditation* (2013). Diese Hauptquellen liefern eine umfassende Ausarbeitung der hier zu bearbeitenden Themen und bilden eine solide wissenschaftliche Grundlage für die vorliegende Arbeit.

Um die erste Fragestellung zu beantworten und darüber hinaus eine gute Ausgangsbasis für die Bearbeitung der weiteren Fragen zu schaffen, wird Kapitel 2 bedeutende biographische Aspekte zu Erich Fromm skizzieren und einen allgemeinen Überblick über wichtige konzeptionelle Grundlagen zur produktiven Orientierung geben. Kapitel 3 wendet

---

[1] Die hier aufgeführten Daten entsprechen den amerikanischen Originalausgaben.

sich der zweiten Fragestellung zu und erläutert einige wesentliche Merkmale des Zen-Buddhismus, um dann die Gemeinsamkeiten zum Konzept der produktiven Orientierung nach Erich Fromm herauszuarbeiten. Das Kapitel 4 beschäftigt sich mit der dritten Fragestellung und versucht zu klären, inwieweit es möglich ist, fernöstliche Praktiken in die westliche Psychotherapie, insbesondere der Psychoanalyse, zu integrieren. Der Hintergedanke hierbei ist, das theoretische Konzept der produktiven Orientierung mit Hilfe östlicher Meditationsformen für die psychotherapeutische Praxis nutzbar zu machen. Abschließend werden im fünften Kapitel noch einmal wichtige Ergebnisse zusammengefasst und diskutiert.

2 Erich Fromm und die produktive Charakterorientierung

Das Gesamtwerk von Erich Fromm ist überaus umfangreich und komplex. Seine Beiträge zur Psychoanalyse, zur Religionspsychologie und zur Gesellschaftskritik sind nicht unabhängig voneinander zu betrachten, sondern stellen gewissermaßen einen interdisziplinären Erkenntnisprozess dar. Dieser soll und kann nicht im Rahmen der hier vorliegenden Hausarbeit dargestellt werden. Dennoch ist es für ein tiefergehendes Verständnis hilfreich, die historischen und biographischen Bedingungen der zu besprechenden Theorien zu berücksichtigen. Aus diesem Grund beschäftigt sich das Kapitel einführend mit wichtigen biographischen Aspekten, bevor dann das Konzept der produktiven Orientierung tiefergehend behandelt wird.

2.1 Ein biographischer und historischer Überblick

Erich Fromm war ein bedeutender deutsch-US-amerikanischer Psychoanalytiker und Sozialphilosoph. Er wurde am 23. März 1990 als Kind orthodox-jüdischer Eltern in Frankfurt am Main geboren. Während seines Studiums der Soziologie, Psychologie und Philosophie in Heidelberg kam er mit der Psychoanalyse in Kontakt, sodass er nach seiner Promotion über *Das jüdische Gesetz* (1922) im Fach Soziologie eine Ausbildung als Psychoanalytiker in München und Berlin absolvierte. Von 1930 an arbeitete Fromm als Leiter der sozialpsychologischen Abteilung am neu gegründeten Frankfurter Institut für Sozialforschung und gehörte zu jenem Kreis um Max Horkheimer, der später als *Frankfurter Schule* bekannt wurde. Im Rahmen der *Kritischen Theorie* untersuchte er die Entfremdung des Einzelnen in einer von Ökonomie, Technik und Verwaltung beherrschten Welt. Auf den Grundlagen der Psychoanalyse und des Marxismus forschte er nach den Bedingungen einer gerechteren

Gesellschaft, in welcher der Mensch nicht auf seinen materiellen Wert als Arbeitskraft und Konsument reduziert wird (Schlüter, 2015, S. 78).

Nach der Machtergreifung durch die Nationalsozialisten emigrierte Fromm 1934 in die Vereinigten Staaten, wo er am psychoanalytischen Institut in Chicago und an der Columbia University in New York tätig war. In der Folgezeit rückte Fromm mehr und mehr von der orthodoxen Psychoanalyse ab. Vonseiten der Frankfurter Schule warf man ihm psychoanalytischen Revisionismus vor, sodass die immer größer werdenden Spannungen zwischen den Forschern schließlich zu Fromms Austritt aus dem Institut führten (Lewy, 2000, S. 12). Im Jahr 1941 erschien Fromms Buch *Escape from Freedom* (Die Furcht vor der Freiheit), das ihn schlagartig bekannt machte (ebd.). Zu dieser Zeit bildete er mit Karen Horney und anderen Anhängern Freuds ein neo-psychoanalytisches Team und gründete das „American Institute of Psychoanalysis" (ebd.). Einige Jahre später schloss er sich dann dem „William Alanson White Institute of Psychiatry, Psychoanalysis and Psychology" an, das unter der Leitung von Harry Stack Sullivan stand (Lewy, 2000, S.13). In diesem Rahmen konnte Fromm zwischen 1946 und 1950 seine neuen Gedanken im Kreise von empfänglichen Psychologen und Psychiatern diskutieren (ebd.). Nach dem Zweiten Weltkrieg entwickelte er sein humanistisches Welt- und Menschenbild weiter, indem er neben alttestamentarischen auch philosophische, ökonomische, sozialistische und ethnohistorische Gesichtspunkte in seine Werke mit einbrachte (ebd.). Im Jahr 1947 veröffentlichte er seine bedeutende Arbeit *Psychoanalyse und Ethik. Bausteine zu einer humanistischen Charakterologie*. Mit diesem Buch unterzog sich Fromm der Aufgabe, eine neue „humanistische Ethik" zu entwerfen, die sich der Erkenntnisse der Tiefenpsychologie bediente (Lewy, 2000, S. 127). In diesem Buch führt er auch die Begriffe „produktive und nicht-produktive Charakterorientierungen" ein, auf die später explizit eingegangen wird.

Aus persönlichen Gründen siedelte Fromm 1949 nach Mexiko-City über, wo er bis zu seiner Emeritierung im Jahr 1965 eine Professur an der Universidad Nacional Autonoma de Mexico innehatte. Hier bekam er die Möglichkeit an der medizinischen Fakultät eine psychoanalytische Abteilung aufzubauen (ebd.). Er setzte sich intensiv für die Etablierung und Ausbreitung der Psychoanalyse in Mexiko ein. Dabei ging es ihm auch um die Erweiterung des psychoanalytischen Einflusses auf andere Disziplinen wie die Psychiatrie, Psychologie und Medizin (Lewy, 2000, S. 14). Darüber hinaus führten ihn Lehraufträge regelmäßig in die USA und in andere Staaten, wo er durch seine Arbeiten immer mehr Berühmtheit erlangte. Auf politischer Ebene vertrat er aktiv einen „humanistischen Sozialismus". Zudem war er Mitbegründer der wichtigsten amerikanischen

Friedensbewegung „SANE", die sich für eine Beendigung des atomaren Wettrüstens und des Vietnamkriegs einsetzte (Schlüter, 2015, S. 78). Fromm blieb insgesamt 25 Jahre in Mexiko und wurde in dieser Zeit Mittelpunkt einer intellektuellen Gruppe, die eine humanistische Gesellschaftsveränderung anstrebte und zu diesem Zweck Marxismus, Psychoanalyse und Soziologie zu vereinigen suchte (Lewy, 2000, S. 14). Darüber hinaus kam Fromm in Kontakt mit dem japanischen Wahl-Amerikaner Daisetz Teitaro Suzuki, der in den USA den Zen-Buddhismus erfolgreich propagierte. Fromm veranstaltete im August 1957 mit ihm und anderen eine Arbeitstagung über Zen-Buddhismus und Psychoanalyse. Aus dieser ging dann das bekannte Buch *Zen-Buddhismus und Psychoanalyse* (1960) hervor.

Im Jahr 1974 verlegte Fromm seinen Wohnsitz nach Locarno, wo er seinen Lebensabend verbrachte. Sein letztes umfangreiches Werk erschien mit *Haben oder Sein* im Jahr 1976. Es handelt von einer philosophischen Anthropologie der Gesellschaft und erläutert die zwei Charakterstrukturen beziehungsweise Existenzweisen „Haben" und „Sein", die später noch tiefergehend betrachtet werden. Infolge eines wiederholten Herzinfarkts starb er am 18. März 1980, wenige Tage vor seinem 80. Geburtstag und vor dem Erscheinen der zehnbändigen Gesamtausgabe seiner Werke. Erich Fromm verfasste rund 20 eigene Werke, die teilweise mehrfache Millionenauflagen erreichten und in vielen Sprachen übersetzt wurden (ebd.). Von dem Bestseller *Die Kunst des Liebens* (1956) wurden bis heute 25 Millionen Exemplare weltweit verkauft (Lang, 2015, S. 1). Des Weiteren ist noch erwähnenswert, dass Erich Fromm seinem Assistenten Dr. Rainer Funk als literarischen Rechte- und Nachlassverwalter einsetzte. Im Erich Fromm Institut Tübingen (EFIT) wurde die Bibliothek von Erich Fromm und sein wissenschaftlicher Nachlass sowie eine umfassende Sammlung der Literatur über Fromm archiviert und frei zugänglich gemacht.

2.2 Der Gesellschaftscharakter

Geprägt von der Frankfurter Schule und dem Berliner Zirkel marxistischer Psychoanalytiker um Wilhelm Reich und Otto Fenichel versuchte Fromm die Erkenntnisse von Marx und Freud miteinander zu verbinden, um so die spezifische Situation des Menschen in der modernen Industrie- und Konsumgesellschaft zu verstehen: „Die Seele des Einzelnen ist für ihn immer schon geprägt durch die sozioökonomischen Verhältnisse und durch die hiervon diktierten, in der Erziehung vermittelten Werte und Normen – samt der daraus erwachsenden Störungen, die ebenfalls bereits in der Familie weitergegeben werden" (Schlüter, 2015, S. 79). Diese verinnerlichten Prägungsmuster bezeichnet Fromm als Gesellschaftscharakter. Im Gegensatz zu Freuds dynamischer Charakterologie, die sich auf die Entwicklungsphasen der Libido stützt (oral, anal, phallisch, genital), führt Fromm den Charakter auf die verschiedenen Arten der Beziehung oder der Bezogenheit des Menschen zur Welt zurück. Fromm unterscheidet im Sinne von Harry Stack Sullivan und Karen Horner zwei wesentliche Prozesse: zum einen die Aneignung und Assimilierung der Dinge und zum anderen die Beziehung zu sich selbst und den Mitmenschen (Lewy, 2000, S. 129). Ersteres wird als Assimilierungsprozess bezeichnet, letzteres als Sozialisationsprozess. Beide Formen des Bezogenseins sind nach Fromm „offen" und nicht wie beim Tier instinktiv determiniert (Fromm, 2014, S. 54).

Fromm formuliert in seinem Buch *Psychoanalyse und Ethik* die Entwicklung des Gesellschaftscharakters wie folgt:

> „Der Charakter des Kindes wird durch den Charakter der Eltern geformt, denen entsprechend das Kind sich entwickelt. Der Charakter der Eltern und ihre Erziehungsmethoden werden ihrerseits durch die Gesellschaftsstruktur ihres Kulturraumes geprägt. (...) Bis zu welchem Grade der Charakter durch gesellschaftliche oder kulturelle Vorbilder geformt wird, zeigt sich darin, dass die meisten Angehörigen einer gesellschaftlichen Klasse oder eines Kulturbereichs bestimmte Charakterelemente gemeinsam haben, sodass man von einem *Gesellschafts-Charakter* sprechen kann, der den Kern der Charakterstruktur repräsentiert, der den meisten Menschen in einer bestimmten Kultur gemeinsam sind." (Fromm, 2014, S. 55 f.)

Wichtig hierbei ist, dass der Gesellschaftscharakter getrennt von dem individuellen Charakter betrachtet werden muss, durch den sich innerhalb eines Kulturkreises ein Mensch vom anderen unterscheidet. Diese individuellen Unterschiede gehen nach Fromm zum einen auf die Unterschiede der Persönlichkeiten der Eltern zurück und zum anderen auf die psychischen und materiellen Unterschiede der spezifischen sozialen Umwelt in der das Kind aufwächst (Fromm, 2014, S. 56). Darüber hinaus spielen konstitutionelle, genetische sowie lebensgeschichtliche Faktoren eine wichtige Rolle für die individuelle Charakterbildung. Daraus folgert Fromm, dass die gleiche Umwelt für zwei Menschen nie dieselbe ist, da beide Menschen diese Umwelt durch ihre verschiedene Konstitution auch verschieden erleben (ebd.). Weiter führt er aus: „Bloße Gewohnheiten des Denkens und Handelns, die nur eine Folge der menschlichen Anpassung an kulturelle Vorbilder sind, aber nicht im Charakter wurzeln, können sich unter dem Einfluss neuer gesellschaftlicher Vorbilder leicht verändern." (ebd.) Wenn dagegen aber das Verhalten im Charakter wurzelt, ist es nur dann veränderlich, wenn ein tiefgreifender Wandel in der Charakterstruktur selbst stattfindet (ebd.). Der Begriff des Gesellschaftscharakters nimmt eine zentrale Stellung in Fromms Werk ein, da er zur Erklärung der Entstehung und Ausformung des individuellen Charakters beiträgt.

2.3 Die produktive Charakterorientierung

Fromm unterscheidet zwischen fördernden und hemmenden, produktiven und nicht-produktiven Orientierungen des Gesellschafts-Charakters. Diese Orientierungen stellen zum einen Beschreibungen von Idealtypen dar. Zum anderen kennzeichnen sie die spezifische Dynamik der Charakterstruktur. (Funk, 2003, S. 2) Hierbei ist es wichtig zu verstehen, dass sich der Charakter eines Menschen meist aus einer Mischung aller oder einiger dieser Orientierungen zusammensetzt, wobei aber in der Regel eine dominiert (Fromm, 2014, S. 56). Grundsätzlich gehören aber alle Orientierungen zur Anlage des Menschen und das Vorhandensein einer spezifischen Orientierung ist zum großen Teil von den Besonderheiten der Kultur abhängig, in der das Individuum lebt (Fromm, 2014, S. 68).

Im Folgenden werden überblicksartig die nicht-produktiven Charakterorientierungen beschrieben um ihnen dann die produktiven Orientierungen gegenüberzustellen. Fromm unterscheidet 1947 vier nicht-produktive Charakterorientierungen: die rezeptiv-masochistische, die ausbeuterisch-sadistische, die hortend-destruktive und die Marketing-indifferente Orientierung. Die rezeptiv-masochistische Charakterorientierung beinhaltet eine rezeptive Orientierung im Assimilationsprozess und eine masochistische im Sozialisationsprozess. Die rezeptive Haltung des „Empfangens" ist hier charakteristisch. Der Mensch wartet und hofft, dass von Außen etwas zugeführt wird. Die masochistische Komponente ist nicht als Perversion zu verstehen, sondern als „Treue". Sie steht für Passivität und Vertrauen in die anderen. (Siebe, 1994, o.S.)

Die ausbeuterisch-sadistische Charakterorientierung kann als das Gegenteil der rezeptiven Orientierung verstanden werden. Diese Orientierung setzt wie die rezeptive voraus, dass die Quelle alles Guten außerhalb des eigenen Ichs liegt und sich daher alles Gute genommen werden muss (Fromm, 2014, S. 58). Allerdings erwartet der Mensch nicht darauf etwas geschenkt zu bekommen, sondern nimmt es sich mit List oder Gewalt. Somit ist die wesentliche Komponente das „Nehmen". Im zwischenmenschlichen Bereich bedeutet die sadistische Komponente andere in seine Gewalt zu bekommen und sie klein zu halten. Sie ist durch „Autorität" gekennzeichnet. (Siebe, 1994, o.S.)

Die hortend-destruktive Charakterorientierung beruht auf der Annahme, dass sich Menschen über das Horten ein Gefühl der Sicherheit verschaffen. Sie meiden Neues und sammeln Erworbenes. (ebd.) Das „Aufbewahren" ist hier das wesentliche Merkmal. In ihrer Beziehung zu anderen betrachten sie ein intimes Verhältnis als Bedrohung. Nur Unnahbarkeit oder der Besitz eines anderen gibt ihnen das Gefühl von Sicherheit. (Fromm, 2014, S.60) Hierbei ist die wesentliche Komponente die „Selbstbehauptung".

Die Marketing-Orientierung besteht in der Komponente des „Tauschens". Alles ist Tauschware. Der Tauschwert dominiert über den Gebrauchswert. Es ist wichtig, wie man sich selbst verkauft. In seinen Beziehungen ist der Mensch indifferent, das heißt Gleichheit und „Fairness" im Sinne von Austauschbarkeit und Gleichgültigkeit. Dies führt letztlich zur Entfremdung. (Siebe, 1994, o.S.) Die Marketing-Orientierung wird von Fromm in seinen Werken sehr ausführlich behandelt, da sie in der modernen Gesellschaft dominant geworden ist. Er beschreibt den modernen entfremdeten Marketing-Charakter als „ein Mensch, der sich selbst, entsprechend dem Konsumdenken, nur noch durch seinen Tauschwert definiert und entsprechend rein verstandesmäßig, je nach Bedarf und Befehl, funktioniert, ohne wirkliche Gefühle und eine eigene Identität auszubilden" (Schlüter, 2015, S. 79).

Den Begriff der „produktiven Charakterorientierung" führte Fromm 1947 in seinem Buch *Psychoanalyse und Ethik* ein. Hier beschreibt Fromm einführend, dass in der klassischen und mittelalterlichen Literatur bis gegen Ende des 19. Jahrhunderts viele Darstellungen gezeigt wurden, wie ein guter Mensch und eine gute Gesellschaft aussehen sollten. Im zwanzigsten Jahrhundert gab es hingegen kaum noch solche visionären Vorstellungen da die Betonung vor allem auf der kritischen Analyse des Menschen und der Gesellschaft lag (Fromm, 2014, S. 71). So nahmen beispielsweise Freud und seine Schüler eine ausführliche Analyse und Beschreibung des nicht-produktiven Charakters (prägenitaler Charakter) vor, aber der Charakter der normalen, reifen und gesunden Persönlichkeit fand kaum eine Beachtung. Nach Fromm hatte jedoch das Fehlen von Visionen einer „besseren" Gesellschaft und eines „besseren" Menschen zu Folge, „dass es den Glauben des Menschen an sich selbst und an seine Zukunft lähmte (gleichzeitig ist dieses Fehlen von Visionen auch die Folge der Lähmung)." (Fromm, 2014, S. 72) Diese Überlegungen beschreiben den Ausgangspunkt für Fromms Studien über den produktiven Charakter. Fromm formulierte sein Vorhaben wie folgt: „Ich will das Wesen des vollentwickelten Charakters untersuchen, der das Ziel jeder menschlichen Entwicklung ist und zugleich dem Ideal der humanistischen Ethik entspricht." (ebd.)

Noch bevor Fromm in seinem Werk *Psychoanalyse und Ethik* (1947) die allgemeinen Charakteristika der produktiven Orientierung sowie ihre einzelnen Formen des Tätigseins herausarbeitete, unternahm er in seinem Buch *Furcht vor der Freiheit* (1941) einen ersten Versuch, Produktivität begrifflich zu fassen. Hierfür verwendete er den Begriff der Spontaneität. Darunter verstand er ein spontanes Tätigsein, ein Tätigsein aus eigenem Antrieb heraus. (Funk, 2003, S, 3) Dr. Rainer Funk fasst die Quintessenz des Buches wie folgt zusammen:

„Fromm zeichnet in diesem Buch die Entstehung der Individualität und eines individuellen Selbst in der Neuzeit, die dem Menschen erstmals in der Geschichte die Möglichkeit gibt, aus eigenem Antrieb (sua sponte) zu leben und mit Hilfe dieses individuellen Selbst auf die Wirklichkeit bezogen zu sein. Fromm betont in diesem Buch aber auch die Angst vor dem Alleinsein und Abgetrenntsein, die mit dieser Freiheit des Individuums einhergeht, und die Gefahr, dass sich Menschen sekundär wieder in Abhängigkeiten begeben (vor allem in eine autoritäre Abhängigkeit)." (ebd.)

Sechs Jahre später definiert Fromm in *Psychoanalyse und Ethik* (1947) Produktivität als „Realisierung der dem Menschen eigenen Möglichkeiten, also der Gebrauch der eigenen Kräfte." (ebd.) Diese Definition bezieht sich auf die gesellschaftlichen Verhältnisse in der Neuzeit, in der mit Hilfe der Medien dem Menschen glaubhaft gemacht wird, „dass die entscheidenden Möglichkeiten zu einem sinnerfüllten Leben nicht im Menschen, sondern außerhalb von ihm liegen und dass sie nicht aus seinen eigenen Möglichkeiten hervorgeführt werden müssen, sondern angeeignet, konsumiert werden müssen." (ebd.) Eine humanistische Gesellschaft im Sinne Fromms benötigt aber produktive Charaktere, die schöpferisch, vernünftig, selbstverwirklichend sowie in liebendem Sinn welt- und menschenbezogen sind. Der produktive Mensch ist nicht wie unter Hypnose entfremdet und von außen manipuliert, sondern ist, wie Aristoteles hinweist, vernünftig tätig und achtet auf Selbstverständnis und Selbstverwirklichung im Sinne von Spinoza. (Lewy, 2000, S. 130)

Als Beispiele für das produktive Tätigsein verweist Fromm in *Psychoanalyse und Ethik* auf die Liebe und das Denken. Für die produktive Liebe sind folgende Grundelemente charakteristisch: Fürsorge für den anderen, Verantwortungsgefühl für den anderen, Achtung vor dem anderen und Erkenntnis (Fromm, 2014, S. 83). Das produktive Denken ist vor allem vernünftig. Hiermit ist gemeint, dass es das Wesen und die Ganzheit erfasst, während sich die Intelligenz an Details orientiert und größtenteils auf die Kausalität reduziert ist (Lewy, 2000, S. 130). Die Vernunft beinhaltet eine Tiefendimension, die zum Wesen der Dinge und der Prozesse hinführt. Sie hat nach Fromm die Aufgabe, etwas zu wissen, zu verstehen, zu erfassen und den Menschen durch dieses Begreifen zu den Dingen in Beziehung zu setzen (Fromm, 2014, S. 86) Produktives Denken beinhaltet darüber hinaus noch Interesse, Betroffenheit und Objektivität.

Fromm weist in *Psychoanalyse und Ethik* auf eine wichtige Voraussetzung der Produktivität hin, nämlich auf die Fähigkeit die Wirklichkeit sowohl reproduktiv als auch generativ wahrnehmen zu können. „*Reproduktiv* meint dabei, die Wirklichkeit wie einen Film als gegeben wahrzunehmen; *generativ* meint, dass die Wirklichkeit durch die spontane

Tätigkeit der eigenen Geistes- und Gefühlskräfte neu erschaffen wird." (Funk, 2003, S. 3 f.) Fromm erläutert diesen wichtigen Aspekt folgendermaßen: „Das Vorhandensein beider Fähigkeiten (...) ist eine Voraussetzung der Produktivität; es sind die beiden Pole, deren dynamische Wechselwirkung die Quelle der Produktivität ist." (Fromm, 2014, S. 77) Mit dieser Aussage weist Fromm darauf hin, dass die Produktivität nicht die Summe oder Kombination beider Fähigkeiten ist, sondern etwas Neues, das aus dieser Wechselwirkung entsteht (ebd.).

Abschließend werden überblicksartig weitere Definitionen und Aspekte der produktiven Orientierung aufgeführt, die Fromm in seinen späteren Werken formulierte. So definierte er beispielsweise 1955 in seinem Buch *Wege aus einer kranken Gesellschaft* Produktivität als seelische Gesundheit und reife Entwicklung (Funk, 2003, S. 3).

Die Entdeckung der Nekrophilie, als eine eigenständige Charakterorientierung Anfang der 60er Jahre, motivierte Fromm in *Die Seele des Menschen* von 1964 Produktivität als biophile Orientierung zu kennzeichnen: „Die produktive Orientierung ist die volle Entfaltung der Biophilie. Wer das Leben liebt, fühlt sich vom Lebens- und Wachstumsprozess in allen Bereichen angezogen." (Fromm, 1964, S. 186; zit. nach Funk, 2003, S. 4)

Des Weiteren charakterisiert Fromm in seinem Werk *Anatomie der menschlichen Destruktivität* von 1973 die produktive Orientierung als eine intrinsisch motivierte, aktive Suche nach einer optimalen Entwicklung. Hierbei bezieht er sich auf neurophysiologische Befunde, wonach das Gehirn nicht nur auf äußere Reize reagiert, sondern selbst spontan aktiv ist. (Funk, 2003, S. 4)

Schließlich setzt sich Fromm in seinem Alterswerk *Haben und Sein* von 1976 noch einmal ausführlich mit der produktiven Charakterorientierung auseinander. Hierbei definiert er Produktivität als Orientierung am Sein, wobei er unter „Sein" das versteht, „was an Eigenkräften im Menschen durch die Praxis dieser Eigenkräfte aus dem Menschen hervorgeführt werden kann". (Funk, 2003, S. 4) Die Voraussetzungen für die Existenzweise des Seins sind nach Fromm Unabhängigkeit, Freiheit und das Vorhandensein kritischer Vernunft (Fromm, 2015a, S. 110). Das wesentlichste Merkmal der produktiven Charakterorientierung beziehungsweise der Existenzweise des Seins ist die Aktivität, „nicht im Sinne von Geschäftigkeit, sondern im Sinne eines inneren Tätigseins, des produktiven Gebrauchs der menschlichen Kräfte." (ebd.) Fromm spezifiziert das Tätigsein wie folgt: „Es bedeutet, sich selbst zu erneuern, zu wachsen, sich zu verströmen, zu lieben, das Gefängnis des eigenen isolierten Ichs zu transzendieren, sich zu interessieren, zu lauschen, zu geben." (ebd.) Allerdings weist Fromm in dieser Passage auch daraufhin, dass diese Erfahrungen nur sehr schwer in Worte wiederzugeben sind: „Worte weisen auf erleben hin, sie sind nicht mit diesem identisch. (...) Daher ist Sein nicht mit Worten beschreibbar und nur durch gemeinsames Erleben kommunikabel." (Fromm, 2015a, S. 110 f.)

Fromms Werk *Haben oder Sein* ist noch in einer anderen Hinsicht bedeutsam für das Verständnis von Produktivität. Es werden nämlich Indikatoren aufgezeigt, mit denen sich erkennen lässt, ob menschliches Verhalten von der nicht-produktiven Orientierung am Haben bestimmt ist oder von der produktiven Orientierung am Sein (Funk, 2003, S. 4). Dr. Rainer Funk (2003, S. 4) fasst diese Merkmale überblicksartig zusammen: „Solche Indikatoren sind Aktivität bzw. Passivität, Sicherheit bzw. Unsicherheit, Solidarität bzw. Antagonismus, Freude bzw. Vergnügen, die Bejahung des Lebendigen bzw. die Angst vor dem Sterben und schließlich eine unterschiedliche Wahrnehmung von Zeit als Augenblick bzw. Dauer sowie von Vergangenheit, Gegenwart und Zukunft." (S. 4) Diese Gegensatzpaare spiegeln mögliche Ausdrucksformen des Habens oder des Seins und liefern eine wichtige Hilfestellung, um zu verstehen, wie die Dynamik der Charakterorientierung eines Menschen beschaffen ist.

3 Östliche Mystik und Psychoanalyse

Nachdem im letzten Kapitel wichtige Definitionen und Charakteristika der produktiven Charakterorientierung beschrieben wurden, wird nun der Versuch unternommen die produktive Orientierung dem Zen-Buddhismus gegenüberzustellen und wesentliche Gemeinsamkeiten herauszuarbeiten. Hierfür bedarf es allerdings eine einführende Beschreibung, was unter Zen-Buddhismus verstanden wird.

3.1 Buddhismus und Zen

Der Buddhismus ist eine der großen Weltreligionen mit einer zweieinhalbtausendjährigen Geschichte. Er versteht sich als Lehrtradition und wendet sich an alle suchenden Menschen, unabhängig von Nationalität, sozialer Herkunft oder Geschlecht. Er weist Wege aus Leid und Unvollkommenheit zu Harmonie und Glück. Obwohl der Buddhismus vor allem in den Ländern Asiens fest verwurzelt ist und Teil einer bis heute lebendigen Kultur geworden ist, findet er zunehmend in der westlichen Welt Beachtung und Verbreitung. (Deutsche Buddhistische Union e.V., o.J., o.S.)

Ausgangspunkt dieser Lehrtradition war die Suche des jungen Prinzen Gotama Siddhattha nach der Aufhebung des Leidens. Er wanderte sechs Jahre durch das Tal des Ganges, traf berühmte religiöse Lehrer, studierte und folgte ihren Methoden und unterwarf sich strengen asketischen Übungen. Doch strenge Askese als Gegenmodell zu früherem Luxus brachten ihn nicht weiter, stattdessen begründete er den *Mittleren Weg* und erlangte schließlich unter dem berühmten Bodhi-Baum in Bodhgaya die vollkommene Erleuchtung (Bodhi). (ebd.) Sieben Wochen nach seiner Erleuchtung lehrte Buddha als Erstes die *Vier Edlen Wahrheiten*. Sie bilden die Grundlage der buddhistischen Praxis und Theorie und sollen aufgrund ihrer wichtigen Bedeutung im Folgenden kurz beschrieben werden:

Die *Erste Edle Wahrheit* heißt: „Alles Bedingte ist Leid". Darunter fallen Alter, Krankheit und Tod, aber auch Vergänglichkeit und Bedingtheit. Letzteres stellt die subtilste Form des Leidens dar und drückt sich unter anderem in der Erfahrung aus, dass der Geist fast immer verschleiert ist und wir daher keinerlei Kontrolle über unser Leben haben.

Die *Zweite Edle Wahrheit* lautet: „Leid hat eine Ursache". Diese Ursache ist nach Buddha die Unwissenheit. Sie ist die Unfähigkeit des nicht erleuchteten Geistes, seine eigene Natur nicht zu erkennen. Denn der Geist arbeitet wie ein Auge: Er nimmt alles „draußen" wahr, ohne sich selbst sehen zu können. So ist jede Erfahrung von einem grundlegenden Gefühl der Trennung begleitet (Dualität). Aus dieser dualistischen Sichtweise entsteht Anhaftung an Angenehmes, Abneigung gegen Unangenehmes und grundlegende Verwirrung. Aus Anhaftung wiederum entsteht Geiz, aus Abneigung Eifersucht und aus Dummheit Stolz.

Die *Dritte Edle Wahrheit* lautet: „Es gibt ein Ende des Leids". Als Ziel zeigt Buddha Freiheit und Erleuchtung. Bei der Befreiung (*kleines Nirwana*) wird die Vorstellung von einem wirklich existierenden Selbst als illusorisch durchschaut. Widerstreitende Gefühle kommen zur Ruhe und es entstehen mehr Einsicht und Klarheit. Es ist ein Zustand des Freiseins von allen Begrenzungen und Einengungen im eigenen Geist. Die Erleuchtung (großes Nirwana) ist die volle Erfahrung der Natur des Geistes. Die Schleier sind entfernt und alle dem Geist innewohnenden Eigenschaften sind voll entfaltet.

Die Vierte Edle Wahrheit sagt aus, dass es einen Weg zum Ende des Leids gibt. Die Mittel zur Vermeidung von Leid liegen in der Praxis des *Edlen Achtfachen Pfades*. Dieser stellt eine praktische Wegweisung zur vollständigen Leidensaufhebung (Nirwana) dar. Hierfür müssen alle nachfolgenden acht Elemente erfolgreich gemeistert werden: Rechte Ansicht, Rechtes Denken, Rechte Rede, Rechte Handlung, Rechter Lebenserwerb, Rechte Anstrengung, Rechte Achtsamkeit und Rechte Konzentration. (Buddhismus Stiftung Diamantweg, o.J., o.S.)

Bei der Betrachtung der *Vier Edlen Wahrheiten* wird deutlich erkennbar, dass sie viele wesentliche Aspekte enthalten, die auch Fromm in seinem Werk herausstellte. Es geht um Illusion und Klarheit, Getrenntsein und Freiheit, Außen und Innen sowie um Wahrheit und Vollkommenheit. Auch erinnert der *Edle Achtfache Pfad* an eine Praxis der Produktivität im Fromm´schen Sinn.

Die Lehre der *Vier Edlen Wahrheiten* stellt das Fundament des Buddhismus dar. Allerdings entwickelten sich im Laufe der Jahrhunderte weitere Formen, Schulen und Interpretationen des Buddhismus, die für unterschiedliche Menschen, Bedürfnisse und Charaktere geeignet waren. Viele dieser Schulen haben bis heute überlebt und sind zu authentischen Lehrtraditionen geworden. So entwickelte sich beispielsweise die Theravada-Schule oder der Mahayana-Buddhismus. Aus letzterem ging der Zen-Buddhismus hervor. (Deutsche Buddhistische Union e.V., o.J., o.S.)

Das japanische Wort „Zen" ist eine Übertragung des chinesischen Begriffes „Chan". Dieser geht wiederum auf die Sanskrit-Bezeichnung „Dhyana" zurück, die als „Zustand meditativer Versenkung" übersetzt werden kann. In China wurde eine buddhistische Übungspraxis als „Chan" bezeichnet, die die schweigende Sitzmeditation ins Zentrum des Übenden stellte. Charakteristisch für die Chan-Tradition ist eine betont alltagspraktische Ausrichtung des Übens, wobei körperliches Arbeiten als Teil des spirituellen Weges aufgefasst wird. In Japan verbreiteten sich drei Schulen des Zen-Buddhismus: die Soto- und Rinzai-Tradition sowie die kleine Obaku-Richtung. Wesentliche Elemente des Übens, wie sie in den Westen übertragen wurden sind das *Zazen*, was Sitzen in Konzentration bedeutet, und die Alltagspraxis, bei der kein Meister-Schüler-Verhältnis nötig ist, wie es bei dem Großteil anderer buddhistischer Schulen praktiziert wird. In der Rinzai-Tradition wird außerdem noch die *Koan*-Schulung als eine spezielle Methode zur Überwindung des logisch-begrifflichen Denkens eingesetzt, um die es im Zen generell geht. (Deutsche Buddhistische Union e.V., o.J., o.S.)

3.2 Der Zen-Buddhismus und die produktive Orientierung

Auf die Gemeinsamkeiten zwischen den *Edlen Vier Wahrheiten* und dem Konzept der produktiven Orientierung nach Erich Fromm wurde schon im vorherigen Kapitel hingewiesen. Die Lebensweise und Weltanschauung des Buddhismus ähnelt sehr der humanistischen Ethik, wie sie Fromm skizzierte. Dies liegt zum einen daran, dass Fromm mit der buddhistischen Philosophie vertraut war, aber auch zum anderen daran, dass beide Disziplinen das gleiche Ziel haben, nämlich eine Lebensweise der Liebe, der Freude, der Freiheit, des Gebens, der Transzendenz und Vervollkommnung. Wenn auch der Buddhismus und insbesondere der Zen-Buddhismus noch weit über die humanistische Ethik und der produktiven Orientierung hinaus reichen, so sind sie doch in ihren Ansätzen sehr ähnlich. Um dies noch detaillierter aufzuzeigen, werden im Folgenden einige Ausführungen behandelt, die

Dr. Suzuki bei seinem Vortrag auf der Arbeitstagung über Zen-Buddhismus und Psychoanalyse an der medizinischen Fakultät der autonomen Staatsuniversität von Mexiko im Jahr 1957 tätigte. Dabei liegt der Schwerpunkt auf den drei wesentlichen Erscheinungsweisen einer produktiven Charakterorientierung, nämlich der produktiven Arbeit (Fähigkeit zu schöpferischer Weltgestaltung), der produktiven Liebe (Fähigkeit zu liebender Bezogenheit), und der produktiven Vernunft (Fähigkeit zur vernünftigen Wirklichkeitswahrnehmung).

Im Bezug zur produktiven Arbeit erzählt Suzuki beispielsweise die Geschichte von einem Bauer, der einen Brunnen grub, um sein Land zu bewässern:

> Das Wasser trug er in einem Eimer mühsam aus dem Brunnen herauf. Als das ein Vorübergehender sah, fragte er den Bauern, warum er dazu nicht einen Ziehbrunnen verwende; er spare Arbeit und leiste mehr als die primitive Methode. Der Bauer sagte: „Ich weiß, dass er Arbeit spart, und gerade das ist der Grund, warum ich ihn nicht verwende. Ich fürchte, dass man dem Maschinendenken verfällt, wenn man eine solche Einrichtung verwendet, und das führt zu Indolenz und Faulheit." (Suzuki, 2015, S. 16)

Diese Erzählung zielt auf den vermeintlichen Fortschritt der Mechanisierung ab und zeigt dabei eine wesentliche Voraussetzung produktiver Arbeit auf. Produktive Arbeit muss frei und aus eigenem Antrieb kommen. Der Bauer bevorzugte die harte Arbeit weil die Maschine keine geistige Ästhetik und keinen ethischen Geist hat. Suzuki (2015, S. 17) beschreibt das Problem wie folgt: „Die Maschine drängt uns, die Arbeit zu beenden und das Ziel zu erreichen, für das sie geschaffen wurde. Die Arbeit an sich ist wertlos, außer als Mittel zum Zweck. Das heißt, das Leben verliert hier seine schöpferische Kraft und wird zu einem Instrument, und der Mensch ist nunmehr ein Mechanismus, der Güter produziert." In der alltagspraktischen Ausrichtung des Zen-Buddhismus, stellt körperliche Arbeit eine Möglichkeit dar, eins mit seiner Arbeit zu werden und somit Zen zu praktizieren. Zen bezeichnet die Sammlung des Geistes und die Versunkenheit, in der alle dualistischen Unterscheidungen wie Ich und Du, Subjekt und Objekt, wahr und falsch, aufgehoben sind (Jung, 2016, o.S.). Im Kontext des Zen kann Arbeit also als eine mystische Erfahrung verstanden werden. Somit stellt sich die Frage, ob die „produktive Arbeit" im Fromm'schen Sinn ebenso eine mystische Erfahrung darstellen kann? Um diese Frage zu beantworten wird ein Zitat von Fromm (2015b, S. 149) herangezogen: „Im Zustand voller Produktivität gibt es keine Schleier, die das Ich vom Nicht-Ich trennen. Das Objekt ist kein Objekt mehr; es steht nicht mehr mir gegenüber, sondern ist bei mir." Das Zitat bezieht sich zwar nicht explizit auf die produktive Arbeit aber dennoch lässt sich die Vermutung ableiten, dass auch die Arbeit im Zustand voller Produktivität eine mystische Erfahrung darstellen kann. Fromm beschreibt in dem Zitat einen Bewusstseinszustand, der dem des *Satori* sehr nahe kommt. *Satori* ist die Erkenntnis vom universellen Wesen des Daseins, das auch als *Buddha-Natur* bezeichnet wird.

Es ist das Hauptmotiv des Zen-Buddhismus und kann nur durch die persönliche Erfahrung verstanden werden. Suzuki (2015, S. 65) beschreibt den Zustand des *Satori* folgendermaßen: „(...) diese sogenannte relative Bewusstseinsebene ist nicht wirklich relativ; sie ist das Grenzland zwischen dem Bewussten und dem Unbewussten. Sobald man diese Ebene berührt, erfüllt sich das gewöhnliche Bewusstsein mit den Botschaften des Unbewussten. Das ist der Augenblick, in dem der endliche Geist erkennt, dass er seine Wurzeln im Unendlichen hat." Anhand dieses Zitats lässt sich erahnen, welche Tiefendimension oder anders ausgedrückt, welche Transtendenz dieser Bewusstseinszustand erfordert. Daraus lässt sich schlussfolgern, dass das Satori über die produktive Orientierung hinaus reicht. Dennoch beinhaltet der Weg des Zen viele Aspekte der produktiven Orientierung.

Ähnlich verhält es sich mit der produktiven Vernunft. Sie ist eine psychische Fähigkeit und bezeichnet eine „vernünftige" Art des Umgangs mit der Wirklichkeit. Typische Charakterzüge der produktiven Vernunft sind: die Fähigkeit zu Objektivität und Wirklichkeitssinn, die Fähigkeit zur Selbsterkenntnis, die Fähigkeit, das zu Erkennende in seiner Totalität zu sehen und die Fähigkeit zur Konzentration (Funk, 2003, S. 10). Diese Eigenschaften zeigen eine gewisse Ähnlichkeit zu den ersten zwei Gliedern des *Edlen Achtfachen Pfades*. Die rechte Ansicht und das Rechte Denken gehören zur Gruppe der Weisheit und beziehen sich auf ein förderliches Wissen und eine förderliche Geisteshaltung. Sie sind nötig um die Unwissenheit (*Avidya*) zu durchbrechen. In dieser Hinsicht besteht eine Gemeinsamkeit mit der produktiven Vernunft, welche ebenfalls die Fähigkeit beinhaltet durch die Oberfläche zu dringen und das Wesen eines Gegenstandes zu verstehen. Aber letztlich geht der Zen-Buddhismus noch weiter und bewegt sich in Sphären, in denen der Verstand an seine Grenze stößt und eine vernunftsbezogene Erfassung der Wirklichkeit nicht mehr gegeben ist. Dies lässt sich zum Beispiel bei dem *Koan* „Mu!" aufzeigen (Suzuki, 2015, S.64):

> (...) Einst fragt ihn ein Mönch: „Hat ein Hund die Buddha-Natur? Der Meister antwortete: „Mu!" „Mu!" (wu) bedeutet wörtlich „nein". Wenn es aber als Koan verwendet wird, ist die Bedeutung gleichgültig, es heißt nur „Mu!" Der Schüler wird aufgefordert, seinen Geist auf den bedeutungslosen Laut „Mu!" zu konzentrieren, gleichgültig, ob er nun Ja oder Nein oder sonst etwas bedeutet. Nur „Mu!", „Mu!", „Mu!". Der Laut „Wu!" wird solange monoton wiederholt, bis der Geist davon gründlich durchtränkt ist und kein Raum für einen anderen Gedanken bleibt. (...) Er ist jetzt kein Individuum mehr, das das „Mu!" wiederholt, sondern er ist das „Mu!" selbst, das sich selbst wiederholt.

Diese Thematik wird später noch einmal aufgegriffen, wenn es darum geht, inwieweit Zen in der Psychoanalyse angewendet werden kann.

Bei der Liebe verhält es sich anders, da sie letztlich grenzenlos ist und alle Sphären durchdringen kann. Auch Einstein sagte: „Liebe ist das einheitliche Feld, was alles zusammen hält." Die produktive Liebe lässt sich durch folgende Charakterzüge näher kennzeichnen: durch Fürsorge und durch Verantwortungsgefühl für den Anderen, durch Achtung vor dem Anderen und wissendes Verstehen um den Anderen, durch die Korrespondenz von Nächstenliebe und Selbstliebe, durch die Fähigkeit zu vertrauen und durch die Fähigkeit zuzuhören und beim Anderen zu sein (Funk, 2003, S. 9). Alle diese Formen der Liebe finden sich auch im Buddhismus. Die Entwicklung von Mitgefühl ist ein wesentlicher Aspekt auf dem Weg des *Edlen Achtfachen Pfades*. Suzuki (2015, S. 92) äußert sich zu diesem Thema wie folgt: „(...) Joshus Gesinnung ist auch die Gesinnung Christi. Beiden fehlen jegliche Selbstsucht und jeglicher Hochmut. Sie drücken einfach, unschuldig und von Herzen den gleichen Geist der Liebe aus."

Um dieses Kapitel abzurunden wird noch ein letztes Zitat von Suzuki angeführt (Suzuki, 2015, S. 100):

> Das Zen mag gelegentlich zu rätselhaft, verborgen und voller Widersprüche erscheinen, aber es ist im Grunde eine einfache Disziplin und Lehre:
> „Gutes zu tun, Böses zu meiden, Sein Herz zu läutern: Das ist der Buddha-Weg."
> Lässt sich das nicht auf alle menschlichen Situationen, moderne ebenso wie alte, westliche ebenso wie östliche, anwenden?

4 Östliche Mystik in der Psychoanalyse

Nachdem die produktive Orientierung und der Zen-Buddhismus auf der theoretischen Ebene behandelt wurden, wird in diesem Kapitel der Frage nachgegangen, inwieweit es möglich ist, die produktive Orientierung mittels östlicher Meditationsformen in der westlichen psychoanalytischen Therapie zu integrieren. Der Philosoph und Psychologe Dr. Rupert von Keller beschäftigte sich in seiner Dissertation „Die Grenze von Zen und Psychoanalyse" mit der Frage, ob die Zen-Meditation als ein geeigneter Ersatz für eine psychoanalytische Behandlung bezeichnet werden kann. Um diese Frage zu beantworten, erarbeitete er eine konzeptionelle Analyse des Zen-Buddhismus und der Psychoanalyse. Dieses Vorgehen folgte der Intention der konzeptionellen Abgrenzung von Zen und Psychoanalyse, die der Zen-Lehrer Gerald Weischede und der Psychoanalytiker und Zen-Praktizierende Ralf Zwiebel in ihrem Werk *Neurose und* Erleuchtung (2009) formulierten. Sie unterschieden Zen als *Heilsweg* von dem *Heilungsweg* der Psychoanalyse:

> Zen setzt an dem Leiden an, das durch die Lebenstatsachen (wie Geburt, Getrenntheit, Körperlichkeit, Vergänglichkeit und Tod) alle Menschen zu bewältigen haben. Dieses Leiden kann, so hatten wir herausgearbeitet in seiner ganzen Tiefe nur angenommen

und akzeptiert werden. (...) Die Psychoanalyse setzt an dem Leiden an, das durch individuelles Schicksal in Form von Mitgebrachtem, Erworbenem und Erfahrenem das Erleben und Bewältigen dieser Lebenstatsachen erschwert und behindert. (Weischede & Zwiebel, 2009, S. 254 f.; zit. nach Keller, 2013, S. 203)

Ausgehend von dieser Unterscheidung sowie weiteren Untersuchungen kommt Keller (2013, S. 208) schließlich zu folgendem Befund: „Im Falle des Vorliegens der spezifischen Symptomatik psychischer Störungen können spezifisch auf die Struktur der Psyche einwirkende psychoanalytische Therapieverfahren nicht durch die unspezifische Wirkung der Strukturtranszendenz in der Zen-Meditation ersetzt werden." Dieses Ergebnis wird unter anderem damit erklärt, dass die Psychoanalyse als ein Verfahren gekennzeichnet ist, „das die begrifflich-kategoriale Bestimmtheit des Bewusstseins nutzt, um zu heilen, wohingegen die Methode der Zen-Meditation darauf abzielt, zu einer von der Dominanz sprachlicher Kategorien unabhängigen Form der Wahrnehmung vorzudringen." (ebd.) Somit muss die strukturmodifizierende Methode der Psychoanalyse klar von der strukturtranszendierenden Methode der Zen-Meditation unterschieden werden.

Die Zen-Meditation kann die Psychoanalyse also nicht ersetzen, aber inwieweit kann sie in der psychoanalytischen Behandlung integriert werden? Diese Frage ist nur schwer zu beantworten, da es kaum wissenschaftliche Untersuchungen dazu gibt. Allerdings lassen sich einige Argumente und Indikationen finden, die für eine mögliche Integration sprechen: Die Meditation kann zu einer Erweiterung des Bewusstseins führen, sodass sie bei der Ergründung des Unbewussten im Rahmen einer psychoanalytischen Therapie durchaus eine ergänzende Methode darstellt. So könnte zum Beispiel der Patient über eine Deutung des Psychoanalytikers zu Hause meditieren und in der nächsten Sitzung seine Einsichten dem Analytiker mitteilen. Ein weiterer Nutzen in der Meditation könnte darin liegen dysfunktionale Gedanken zu erkennen und sie mit dem Therapeuten durchzuarbeiten. Des Weiteren hilft die Meditation den kontinuierlichen Gedankenfluss zu beruhigen. Dies wäre vor allem für Menschen hilfreich, die unter Sorgen, Ängsten und negativen Gedanken leiden. Im psychosomatischen Bereich kann die Meditation genutzt werden um hemmend auf das sympathische Nervensystem einzuwirken und so das Vegetativum auszugleichen. Auch könnte eine kontinuierliche Praxis der Meditation dazu führen, dass der Praktizierende intensiver träumt und sich besser an seine Trauminhalte erinnern kann. Der Analytiker hätte dann wertvolles Material mit dem er arbeiten kann.

Bei diesen möglichen Anwendungen ist in jedem Fall darauf zu achten, dass der Praktizierende psychisch stabil genug ist, um seine „mystischen Erfahrungen" funktional zu verarbeiten. Die Fähigkeit zur Introspektion muss gegeben sein. Auch bedarf es einer gewissen Offenheit und Motivation des Patienten um sich auf die spezifischen Meditationsformen einzulassen. Dies ist eine wichtige Grundlage um eine vertrauensvolle therapeutische Beziehung aufzubauen. Die therapeutische Haltung sollte gekennzeichnet sein durch Empathie, Kongruenz, liebevoller Bezogenheit, Einsicht und Achtsamkeit. Wenn diese Voraussetzungen gegeben sind, kann der Patient im Rahmen einer integrativen psychoanalytischen Behandlung mittels östlicher Meditationsformen bestimmte Erscheinungsweisen einer produktiven Charakterorientierung hervorheben und praktizieren.

5 Fazit

Abschließend werden noch einmal wichtige Ergebnisse der Arbeit zusammengefasst und diskutiert. Das Konzept der produktiven Charakterorientierung entstand in den 40 er Jahren und wurde bis 1979 (Haben und Sein) immer weiter entwickelt und spezifiziert. Fromm verstand die produktive Orientierung als möglichen Ausweg aus einer Gesellschaft, die vor allem an der Existenzweise des Habens ausgerichtet war. Im Rahmen einer humanistischen Ethik zeichnete Fromm ein Menschenbild, welches an der Existenzweise des Seins orientiert war. Eine humanistische Gesellschaft im Sinne Fromms benötigte produktive Charaktere, die schöpferisch, vernünftig, selbstverwirklichend sowie in liebendem Sinn welt- und menschenbezogen sind.

Im Buddhismus erkannte Fromm eine Lehrtradition in der genau diese Werte vermittelt und gelebt wurden. So beschäftigte er sich eingehend mit der buddhistischen Philosophie und Lebensweise und arbeitete mit Dr. Suzuki wesentliche Merkmale heraus, die er in seinem Konzept der produktiven Orientierung integrierte. So formulierte er beispielsweise in seinem Werk *Haben und Sein*, dass man zum Sein gelangt wenn man durch die Oberfläche dringt und die Wirklichkeit erfasst (Fromm, 2015, S. 124). Hierfür liefert der Zen-Buddhismus einige wichtige praktische Vorgehensweisen, wie beispielsweise das *Zazen*, das *Koan* oder auch die Sammlung des Geistes bei alltagspraktischen Tätigkeiten wie der Arbeit.

Im letzten Teil der Arbeit wurde der Frage nachgegangen inwiefern es möglich ist die Praktiken des Zen-Buddhismus mit der Psychoanalyse zu verbinden. Es wurde mittels der Arbeit von Rupert von Keller herausgearbeitet, dass bei psychisch gestörten Menschen die strukturaufbauenden Verfahren der Psychoanalyse nicht durch die Methoden der Strukturtranszendenz in der Zen-Meditation ersetzt werden können, da Zen darauf abzielt zu einer von der Dominanz sprachlicher Kategorien unabhängigen Form der Wahrnehmung vorzudringen. Allerdings konnte dieses Ergebnis nicht die Antwort auf die eigentliche

Fragestellung liefern und so wurden eigene Überlegungen darüber angestellt, wie es dennoch möglich sein könnte, östliche Meditationsformen in die Psychotherapie zu integrieren, um so die produktive Orientierung zu fördern. Unmöglich ist dies sicher nicht. Achtsamkeitsbasierte Psychotherapieansätze sind nach Dr. Ulrike Anderssen Reuster (2011, S.X) in den vergangenen Jahren zu einer bedeutenden und breiten Strömung in nahezu allen gängigen Therapieverfahren geworden. So gibt es einerseits eine Fülle von Achtsamkeitsübungen, welche therapieergänzend eingesetzt werden (z.b. in der Dialektisch-Behavioralen Psychotherapie (DBT) oder in der Psychodynamisch Imaginativen Trauma-Therapie PITT) und zum anderen Therapiemethoden, welche sich zentral auf die Achtsamkeitspraxis stützen (z.b. die Mindfulness-Based Stress Reduction (MBSR), die Mindfulness-Based Cognitive Therapy (MBCT) oder die Acceptance and Comittment Therapy (ACT)). Diese Methoden werden heute umfangreich erforscht und erweisen sich als effektiv. Dies könnte daran liegen, dass die Therapieansätze als besonders zeitgemäß und sinnvoll erlebt werden und somit eine breite Akzeptanz bei Patienten und Therapeuten finden. (Anderssen-Reuster, 2011, S. X)

Ein anderes Therapieverfahren, welches vielleicht den Überlegungen zur produktiven Orientierung Fromms am nahesten kommt ist die Transpersonale Psychotherapie. Sie verwendet sehr vielfältige Techniken, so integriert sie spirituelle Erfahrungswege der Religionen wie Elemente östlicher Mystik, christlicher Kontemplation und andere Traditionen wie des Sufismus, Schamanismus oder der jüdischen Mystik. Auch verwendet sie körperorientierte Therapieformen. Die wesentliche Gemeinsamkeit dieser Ansätze ist die Annahme, dass jeder Mensch das Potential zu Erfahrungen besitzt, die die personale Identifikation des Ichs transzendieren. Diese Erfahrungen werden dann im Rahmen eines psychotherapeutischen Prozesses integriert. Allerdings wird dieser Ansatz sehr skeptisch betrachtet und kontrovers diskutiert. In der akademischen Psychologie findet sie kaum Anerkennung. Dennoch verfügt sie über ein großes Potential, dem Menschen die Existenzweise des Seins zu offenbaren und entsprechende Erscheinungsweisen zu fördern, so wie es Erich Fromm in seiner humanistischen Ethik propagierte.

5 Literaturverzeichnis

Anderssen-Reuster, U. (2011). *Achtsamkeit in Psychotherapie und Psychosomatik* (2. Aufl.). Stuttgart: Schattauer-Verlag.

Buddhismus Stiftung Diamantweg. (o.J.). *Die vier edlen Wahrheiten*. Zugriff am 21.03.2016, von: http://www.buddhismus-schule.de/inhalte/edlewahrheit.html.

Deutsche Buddhistische Union e.V.. (o.J.). *Buddhismus Die zeitlose Lehre von Weisheit und Mitgefühl*. Zugriff am 21.03.2016, von http://www.buddhismus-deutschland.de/buddhismus/.

Funk, R. (2003). *Was heißt produktive Orientierung bei Erich Fromm*. Zugriff am 06.03.2016, von http://www.fromm-gesellschaft.eu/images/pdf-Dateien/Funk_R_2003a.

Fromm, E. (2014). *Den Menschen verstehen Psychoanalyse und Ethik* (10. Aufl.). München: dtv

Fromm, E. (2015a). *Haben oder Sein* (42. Aufl.). München: dtv

Fromm, E. (2015b). Psychoanalyse und Zen-Buddhismus. In E. Fromm, D.T. Suzuki & R. de Martino (Hrsg.), *Zen-Buddhismus und Psychoanalyse* (26. Aufl.), (S. 9-100). Berlin: Suhrkamp-Verlag.

Jung, A. (2016). *Zen-Buddhismus – Eine Einführung*. Zugriff am 21.03.2016, von http://www.zenbuddhismus.de/.

Keller, R. (2013). *Zen und Psychoanalyse. Zur therapeutischen Reichweite buddhistischer Meditation*. Berlin: Psychosozialverlag

Lang, H.J. (2015). *Interview des Schwäbischen Tagblatts Tübingen mit Rainer Funk*. Zugriff am 05.03.2016, von http://fromm-online.org/wp-content/uploads/Print_ST_2015_0124_Funk-Interview.pdf.

Lewy, A. (2000). *Traditionen und Perspektiven im Werk von Erich Fromm.* Dissertation Fachbereich Philosophie (Karl-Friedrich Wessel und Gerhard Danzer) an der Humboldt-Universität Berlin. Berlin.

Schlüter, C. (2015). *Die wichtigsten Psychologen im Porträt* (5. Aufl.). Wiesbaden: marixverlag.

Siebe, T. (1994). *Die humanistisch-sozialistische Charaktertheorie von Erich Fromm.* Zugriff am 13.03.2016, von http://home.arcor.de/tr-siebe/fromm.html.

Suzuki, D.T. (2015). Über Zen-Buddhismus. In E. Fromm, D.T. Suzuki & R. de Martino (Hrsg.), *Zen-Buddhismus und Psychoanalyse* (26. Aufl.), (S. 9-100). Berlin: Suhrkamp-Verlag.

BEI GRIN MACHT SICH IHR WISSEN BEZAHLT

- Wir veröffentlichen Ihre Hausarbeit, Bachelor- und Masterarbeit

- Ihr eigenes eBook und Buch - weltweit in allen wichtigen Shops

- Verdienen Sie an jedem Verkauf

Jetzt bei www.GRIN.com hochladen und kostenlos publizieren